8° F Pièce
4133

AF564141

G. DEMARTIAL

La Condition juridique du Fonctionnaire

BERGER-LEVRAULT & Cie, ÉDITEURS

PARIS
5, Rue des Beaux-Arts, 5

NANCY
18, Rue des Glacis, 18

1907

La Condition juridique du Fonctionnaire

BIBLIOTHÈQUE NATIONALE
BF

G. DEMARTIAL

La Condition juridique du Fonctionnaire

BIBLIOTHÈQUE NATIONALE
RF
IMPRIMÉS

BERGER-LEVRAULT & Cie, ÉDITEURS

PARIS
5, Rue des Beaux-Arts, 5

NANCY
18, Rue des Glacis, 18

1907

La Condition juridique du Fonctionnaire

I

La condition juridique du fonctionnaire professionnel est encore à l'état embryonnaire. Le gouvernement organise comme il lui plaît les différents corps de fonctionnaires, c'est-à-dire que chaque ministre fixe lui-même les conditions de nomination et de révocation dans les différents corps relevant de son autorité. Comme c'est aussi le ministre qui nomme et révoque, soit directement en ce qui concerne tous les emplois d'un peu d'importance, soit par l'intermédiaire de ses subordonnés en ce qui concerne les autres, il se trouve ainsi, quand il fait ces règlements, être à la fois juge et partie ; chaque ministre apprécie lui-même la mesure dans laquelle il doit limiter ses propres pouvoirs. Voilà pourquoi l'organisation de nos services publics se présente sous la forme d'une infinité de décrets et d'arrêtés, incessamment rapetassés au gré des influences qui se succèdent auprès des ministres, où, à côté de la règle, on ménage l'échappatoire, entre lesquels on ne saisit aucune vue d'ensemble, aucun esprit de suite, aucune apparence de doctrine et qui n'offrent en somme aux intéressés que des garanties fort médiocres, puisque leurs auteurs ne s'obligent qu'envers eux-mêmes, puisque la main qui les a signés le matin pourrait les déchirer le soir.

Le législateur a bien essayé parfois de réagir. Ainsi, il a prescrit que les administrations centrales des ministères ne pourraient être valablement organisées que par des décrets en forme de règlements d'administration publique, c'est-à-dire rendus après avis du Conseil d'État. Cette mesure est restée absolument vaine ; les décrets organiques n'en sont pas moins demeurés l'œuvre individuelle des ministres et, comme tels, disparates et instables ; le rapporteur d'un de nos budgets a pu dire qu'ils « livraient le personnel au favoritisme le plus éhonté » (1).

Pour d'autres corps de fonctionnaires, le législateur a été plus loin : il est intervenu lui-même. Les lois sur l'organisation de la justice, de l'enseignement, du Conseil d'État, de l'inspection des colonies mettent certaines conditions à la nomination ou à la révocation des fonctionnaires de ces services ; une loi de 1851 a déterminé les conditions d'accès des conducteurs des ponts et chaussées au grade d'ingénieur ; une loi de 1879 a réglé la proportion dans laquelle les emplois de receveurs particuliers doivent être répartis entre les candidats de telle et telle provenance. Ces bribes de garanties accordées occasionnellement à certains corps ne font que marquer davantage l'incohérence de cette partie de notre droit public. Il n'y avait aucune raison pour que le Parlement s'intéressât davantage à tel corps plutôt qu'à tel autre ; ils ont tous un droit égal à sa sollicitude.

Cette organisation empirique et barbare doit disparaître ; à ces multiples situations de fait il faut substituer une situation de droit, à la police des fonctionnaires, avec tout ce que ce mot comporte d'arbitraire, il faut substituer l'état des fonctionnaires, avec tout ce que ce mot comporte de garanties juridiques. On va voir que ces garanties doivent et ne peuvent résider que dans une loi organique.

II

Il convient d'abord de se rendre compte de la nature juridique du lien qui unit le fonctionnaire et le gouvernement.

La nomination d'un fonctionnaire résulte d'un accord entre le dépositaire de la puissance publique qui confère la fonction et le citoyen qui l'accepte. On trouve dans cet accord les éléments qui, aux termes du droit, sont constitutifs d'un contrat : la capacité des parties, la liberté de leur consentement, l'existence d'obligations,

---

1. Voir notre étude sur « Le personnel des ministères », parue dans la *Revue d'administration* et chez Berger-Levrault et Cie, 1906.

une cause licite. L'État représenté par le gouvernement et les citoyens ont la capacité de contracter des engagements réciproques; c'est librement que le gouvernement choisit les fonctionnaires et que ceux-ci acceptent leurs fonctions ; quant aux obligations, elles résident à la fois dans le service dû à l'État par le fonctionnaire et dans les diverses rémunérations et autres avantages accordés par l'État au fonctionnaire en retour de ce service ; enfin, rien n'est plus licite que de pourvoir à une fonction publique, puisque c'est satisfaire à une nécessité sociale. L'acte de nomination d'un fonctionnaire constitue donc un contrat.

Toutefois, alors que dans un contrat ordinaire les parties stipulent elles-mêmes leurs obligations respectives, ici les obligations et les droits réciproques des fonctionnaires et de l'État sont fixés impérativement par des règlements émanant d'un dépositaire de la puissance publique et ne pouvant être modifiés par des accords particuliers.

Il semble, au premier abord, que les idées de commandement et de contrat se contredisent. Cependant, il y a longtemps que les juristes ont été amenés à reconnaître l'existence d'actes de la puissance publique ayant un caractère contractuel [1]. La nomination d'un fonctionnaire nous paraît rentrer tout à fait dans cette catégorie d'actes. En effet, l'État pourrait se procurer des fonctionnaires par voie d'autorité; il pourrait (l'histoire de certains pays en offre des exemples) créer une astreinte au service civil comme il y en a une au service militaire, car il ne saurait pas plus, par exemple, se passer de juges ou de percepteurs que de soldats, mais il ne le fait pas, parce qu'il n'en sent pas le besoin et qu'il serait plus mal servi. Par le moyen de la contrainte, l'État ne pourrait, sans grandes difficultés, obtenir ici les connaissances juridiques, là les connaissances administratives ou financières, ailleurs les aptitudes techniques nécessaires à ses agents; d'autre part, à moins de n'avoir jamais que des novices, il serait obligé de prendre certains citoyens pour toute leur existence, et ce serait une véritable tyrannie. Il préfère donc, par l'offre publique d'avantages qu'il s'engage à accorder aux fonctionnaires, créer des candidatures aux fonctions publiques et choisir parmi elles celles qui lui paraissent le mieux en mesure

---

1. Cf. notamment Laferrière, *Traité de la juridiction administrative et des recours contentieux*.

d'assurer les intérêts dont il a la charge. Voilà où réside le contrat, c'est dans cet appel à la concurrence, absolument analogue à celui qui a lieu par exemple en matière de marchés de travaux ou de fournitures, c'est dans la publicité donnée aux règlements organiques de chaque carrière, et sur la foi desquels on y entre.

Si les obligations des parties, objectera-t-on encore, sont fixées par des règlements, il ne peut pas y avoir contrat, car le propre d'un contrat est d'être formé de stipulations pouvant être débattues entre les parties. Cependant, il y a d'autres exemples de conventions dont les clauses sont stéréotypées à l'avance et qui n'en sont pas moins des contrats. Le fait de mettre à la poste une lettre affranchie constitue un contrat entre l'expéditeur et l'État. Or, il ne dépend pas de l'expéditeur de débattre les termes de ce contrat; l'État déclare ne transporter les lettres qu'à telles conditions et pas à d'autres. Il n'en est pas autrement de la fonction publique. L'État, par ses règlements, fait connaître les conditions auxquelles il entend traiter avec les citoyens qui voudront entrer à son service; on peut accepter ou refuser, mais, quand un citoyen s'est proposé et que l'État l'a agréé, ces conditions se transforment en obligations réciproques, librement et valablement consenties; il y a contrat.

La situation du fonctionnaire vis-à-vis de l'État est donc une situation complexe qui tient à la fois du contrat et de l'acte de puissance publique. M. Rouvier, ministre des finances, disait dans la séance de la Chambre du 28 janvier 1903 : « L'État a des fonctionnaires, il n'a pas en face de lui de partie contractante. » Le même ministre, dans la séance du 29 mars de la même année, a dit aussi : « Quand un citoyen entre dans un service public, il se forme entre lui et l'État un contrat. » Dans les deux cas, le sujet en discussion était le même ; le ministre refusait de s'associer à une demande d'augmentation de traitement pour une catégorie de fonctionnaires. La contradiction est assurément piquante, mais elle est plus apparente que réelle, et elle résulte très probablement de ce caractère ambigu du fonctionnaire qu'on vient d'essayer de faire ressortir. La première fois le ministre a vu le fonctionnaire du côté puissance publique et la seconde il l'a vu du côté contrat.

Ces distinctions paraîtront sans doute bien subtiles. Mais nous ne les inventons pas, elles nous sont révélées par l'analyse des faits.

Nous avons donc le devoir de tenir compte de leur existence si nous voulons déterminer exactement les droits et obligations réciproques du fonctionnaire et de l'État, ce que nous allons faire maintenant.

III

La nomination d'un fonctionnaire comportant une intervention de la puissance publique, il en résulte cette première et capitale conséquence qu'on ne peut songer à assimiler la condition juridique du fonctionnaire à celle de l'employé privé. Les rapports entre employé et patron sont de droit privé ; or les règles du droit privé ne peuvent s'appliquer dans un contrat où l'une des parties est la puissance publique, exerce précisément un droit n'appartenant pas aux personnes privées.

Mais une grosse difficulté a été soulevée dans ces dernières années. Un certain nombre de juristes ont soutenu que cette situation était vraie d'une partie seulement des fonctionnaires, que l'autre partie était vis-à-vis de l'État dans une situation de droit privé. Se fondant sur cette constatation que certains actes de l'administration comportent l'intervention de la puissance publique, tandis que d'autres ne la comportent pas, ces juristes divisent les agents de l'administration eux-mêmes en deux classes : ceux qui ont en main une parcelle plus ou moins grande de la puissance publique, ont le droit de commander aux autres citoyens, accomplissent donc des actes excédant les facultés des personnes privées, et ceux qui sont seulement chargés de gérer les services publics comme ils pourraient être chargés de la gestion d'une entreprise privée. Les premiers, qu'on appelle fonctionnaires d'autorité, seront par conséquent les préfets, sous-préfets et secrétaires généraux, les gouverneurs de colonies, les agents diplomatiques et consulaires, les magistrats de l'ordre judiciaire ou administratif, les agents de la force publique tant militaires que civils ; les seconds, qu'on appelle fonctionnaires de gestion, seront les fonctionnaires des finances, des travaux publics, de l'instruction, de l'agriculture, des postes, de l'assistance et de l'hygiène publiques, des manufactures, des chemins de fer, enfin les employés de tout grade des ministères, des préfectures et de tous les bureaux en général.

Partant de cette distinction, on fait varier la condition juridique des fonctionnaires suivant qu'ils appartiennent à la première ou à la seconde de ces catégories. Les fonctionnaires d'autorité, commandant au nom de la puissance publique, doivent dépendre d'elle, c'est-à-dire du gouvernement, et n'auront d'autres droits que ceux qu'ils tiendront de lui. Quant aux fonctionnaires de gestion, qui ne représentent pas la puissance publique, ils ne dépendent pas d'elle ; ils n'ont pas au-dessus d'eux l'État souverain, ils ont seulement en face d'eux l'État patron ; ils sont vis-à-vis du gouvernement dans la même situation qu'un employé privé vis-à-vis de son employeur ; il n'y a aucune différence entre un employé de ministère et celui d'une banque, entre un ingénieur de l'État et celui d'une société. Les droits juridiques du fonctionnaire de gestion seront donc les mêmes que ceux de l'employé privé, et cette assimilation entraînera les conséquences les plus importantes. Comme les employés privés, les fonctionnaires de gestion pourront avoir recours à l'action collective, fonder des syndicats chargés de soutenir leurs revendications et, s'il est besoin, organiser des coalitions et des grèves ; comme eux ils pourront demander aux tribunaux judiciaires la solution des litiges nés de leurs rapports avec leur employeur et par suite attaquer devant eux comme mal fondés les actes de l'autorité ; enfin, ne devant à l'autorité que le service promis et pas autre chose, ils conserveront leur entière liberté d'opinion et d'action politiques.

Cette théorie a joui un moment d'une grande faveur. M. Barthou paraissait s'en être fait le champion dans son rapport sur les modifications à apporter à la loi sur les syndicats professionnels. Mais depuis elle a trouvé de nombreux contradicteurs, parmi lesquels M. Barthou lui-même. Nous l'avons combattue un des premiers[1]. Nous persistons à penser que son adoption conduirait aux plus sérieuses difficultés.

Tout d'abord la distinction des fonctionnaires suivant qu'ils font des actes d'autorité ou de gestion repose sur une base excessivement fragile, car beaucoup font à la fois des actes des deux espèces. Le préfet, fonctionnaire d'autorité, fait à chaque instant des actes de

1. Dans notre étude sur « Les employés de l'État et les syndicats professionnels » (*Revue politique et parlementaire*, mars 1905).

gestion. Inversement, l'agent des contributions indirectes qui dresse un procès-verbal ou pratique une saisie, le professeur-examinateur qui confère ou refuse un grade universitaire, le médecin sanitaire qui empêche un navire d'aborder, l'ingénieur qui requiert l'exécution immédiate de certains travaux dans l'intérêt de la sécurité publique font bien là, semble-t-il, des actes d'autorité, quoique fonctionnaires de gestion.

Admettons cependant qu'il soit possible de distinguer nettement les fonctionnaires d'autorité de ceux de gestion. Sera-ce une raison pour assimiler ces derniers à des employés privés? Comment! le personnel d'un ministère pourra former un syndicat destiné à lutter contre l'autorité ministérielle dont il est l'organe ; nos cent mille instituteurs, qui ne sont déjà que trop mêlés aux luttes électorales, seront libres de mettre leur influence au service d'un parti; les agents des postes pourront concerter une cessation de travail sous la protection de la loi même!

Non, il faut exiger de tous les fonctionnaires professionnels la même dépendance vis-à-vis de l'État, parce qu'ils ont tous ce caractère commun, autrement important que la différence de leurs attributions, de coopérer à un service public, c'est-à-dire à un service d'une utilité décrétée obligatoire par l'État. Qu'importe que certains exercent la puissance publique, et que d'autres ne l'exercent pas, puisque les fonctions des uns et des autres offrent ce même caractère d'utilité supérieure, ce caractère obligatoire qui les a fait comprendre dans les attributions gouvernementales. La question n'est pas de savoir si un fonctionnaire exerce ou non la puissance publique, mais de savoir s'il est ou non au service de la puissance publique. Or, quand l'État crée un service public, c'est-à-dire se charge d'une fonction déterminée, de même que lorsqu'il nomme un fonctionnaire pour assurer l'exécution de ce service, qui pourrait nier qu'il fait acte de son pouvoir de commandement? Par conséquent, tous les fonctionnaires sont des émanations d'un acte de la puissance publique, en tiennent leurs pouvoirs et, comme tels, ne peuvent revendiquer les droits des employés privés.

On voudrait que l'État cessât d'avoir droit à ses prérogatives de souveraineté dès qu'il sort de ses attributions primitives de gardien de la sécurité publique. Mais son rôle n'est pas moins important quand il travaille au développement du bien-être social ; l'organisation de l'assistance et la réglementation du travail, par exemple, sont devenues pour l'État moderne des obligations aussi impérieuses que celles de rendre la justice ou d'assurer la police. Dans cet ordre d'idées, ses attributions, à l'étranger comme en France, croissent et croîtront encore, parce que le progrès de l'idée de solidarité développe les besoins généraux des sociétés, et que ces besoins, l'État seul peut les satisfaire. Le moment serait mal choisi pour désagréger l'unité de l'État, pour soutenir que les personnes chargées de cette partie des services publics n'ont pas d'autres devoirs que ceux qu'elles auraient au service d'un patron poursuivant un intérêt individuel. C'est de l'idée contraire qu'il faut les pénétrer. « Les employés de l'État, disait un roi de Prusse dans des instructions sur le service public, ne doivent pas rabaisser leur profession à un simple louage d'ouvrage([1]). » L'expression n'est pas recommandable parce qu'elle semble placer l'employé privé au-dessous de l'employé public, mais la pensée est juste. Servir l'État, c'est-à-dire l'intérêt de tous, et servir un patron, c'est-à-dire l'intérêt particulier d'un autre homme, ne sont pas et ne doivent pas être une même chose.

Entre l'employé et son patron il y a égalité de droits, il n'y a en face l'un de l'autre que deux intérêts particuliers. Il est donc logique de donner à l'employé le moyen de soutenir ses prétentions contre celles du patron dans les meilleures conditions d'égalité possibles; les lois modernes sur les coalitions, les grèves, les syndicats, l'arbitrage, les conseils de prud'hommes n'ont pas d'autre but. Mais entre le fonctionnaire et l'État il n'y a pas égalité de droits, puisqu'il y a en face l'un de l'autre non pas deux intérêts individuels, mais un intérêt individuel et l'intérêt social. Associé à l'œuvre gouvernementale, c'est-à-dire à une œuvre présentant un caractère de nécessité supérieure, le fonctionnaire n'a pas le droit de s'en désolidariser; « les fonctions publiques, dit la constitution de 1793, doivent être considérées comme des devoirs. »

On doit donc résolument repousser tout système tendant à assimiler les rapports entre le fonctionnaire et l'État à des rapports d'employé à patron. A cet égard nous ne faisons aucune distinction entre les partisans de l'assimilation intégrale et les partisans d'une

1. *Droits et devoirs du fonctionnaire prussien*, par Rumpf. (Bibliothèque nationale.)

assimilation partielle, qui proposent de reconnaître aux fonctionnaires le droit de se syndiquer et pas celui de faire grève. Cette idée bizarre a rencontré de nombreuses adhésions, surtout dans le monde politique, où on est souvent forcé de ménager à la fois la chèvre et le chou. On devrait cependant bien comprendre que l'action syndicale ne peut se concevoir sans le droit de grève. Si les employés et ouvriers n'avaient pas le droit de grève, jamais une seule des revendications de leurs syndicats n'aurait triomphé ; les patrons les auraient laissé revendiquer, sans s'émouvoir. Donner aux fonctionnaires le droit de se syndiquer sans celui de faire grève, ce serait leur donner un droit purement platonique, leur donner le mot et pas la chose, ce serait les abuser. Or, comme ils ne se laisseraient pas abuser longtemps, il est infiniment plus sage et plus digne de leur interdire franchement la faculté de se syndiquer en leur faisant comprendre que les droits juridiques de l'employé ne sont pas et ne peuvent pas être les leurs.

IV

Quels seront donc les droits juridiques du fonctionnaire ? Voici.

L'État et le fonctionnaire, avons-nous dit, sont liés par un contrat dont l'État détermine seul et impérativement les conditions par des règlements. La condition essentielle pour que le fonctionnaire ait des droits juridiques, c'est donc que ces règlements existent et soient de nature à lui constituer un abri suffisant contre l'arbitraire. Si ces règlements n'existent pas ou sont sans valeur, le contrat du fonctionnaire est lui-même sans valeur et sans objet, la situation du fonctionnaire n'est pas une situation de droit, mais une simple situation de fait, qui dépend du caprice des gouvernants et de leurs représentants hiérarchiques. Mais, si ces règlements existent, le fonctionnaire pourra en réclamer juridictionnellement l'observation, son contrat aura un objet parfaitement défini.

Supposons, par exemple, qu'un fonctionnaire soit révoqué injustement. Si aucun texte réglementaire n'a réglé, dans le service auquel il appartient, l'exercice du pouvoir disciplinaire, il ne peut agir en justice; la mesure qui l'a frappé est un acte de la puissance publique ; or les actes de la puissance publique, étant des actes de commandement, ne peuvent être discutés quant aux mobiles qui les ont inspirés, mais seulement quand leurs auteurs ont outrepassé leurs pouvoirs. Comme aucune limite n'a été dans l'espèce posée aux pouvoirs de l'autorité, le fonctionnaire révoqué, eût-il souffert le plus grave et le plus immérité des préjudices, n'a aucune voie de recours contre elle. Si au contraire ce fonctionnaire, appartenant à un service où le prononcé des révocations a été entouré de certaines formes, a été révoqué en violation d'une de ces formes, par exemple sans l'avis d'un conseil d'enquête bien que cet avis soit prescrit, il a alors un intérêt juridique à invoquer, car une illégalité dont il souffre a été commise, il peut former un recours pour excès de pouvoir devant le Conseil d'État.

Supposons encore un corps de fonctionnaires dans lequel la matière des promotions ne soit pas réglementée, ce qui est le cas de certains, ou soit insuffisamment réglementée, ce qui est le cas de presque tous. Les convoitises qui pullulent autour du budget s'abattront sans relâche sur l'autorité dont dépendent les nominations. Le fonctionnaire à la fois trop fier et trop modeste pour recourir à l'expédient de la sollicitation et de la recommandation sera à chaque instant dépouillé du fruit de son travail par ce fléau des services publics mal organisés qu'on appelle le favoritisme. Mais qu'une règle ait défini les conditions d'accès des différents grades de la hiérarchie, alors ce fonctionnaire, si elles sont violées, pourra rappeler ses supérieurs à leur observation, il sera protégé juridiquement.

On voit de quelle importance, tant au point de vue du fonctionnaire qu'à celui de l'administré, qui n'est pas moins intéressé au bon fonctionnement de l'administration, sont les règlements organiques du personnel dans les services publics. Une nomination, un avancement, une retenue de traitement, une rétrogradation, une mise à la retraite d'office, une révocation, si injustifiés qu'ils soient, ne pourront par eux-mêmes donner lieu à aucun recours. Mais si on a eu la sagesse d'imposer à l'autorité des règles destinées à empêcher les abus de pouvoir et si ces règles n'ont pas été observées, alors le fonctionnaire lésé, et même tout fonctionnaire du corps au préjudice duquel aura été commise l'illégalité, pourront demander l'annulation de l'acte irrégulier, car chaque fonctionnaire a un intérêt personnel et direct à ce que le règlement organique de son corps soit respecté, puisque, tant qu'il n'a pas été régulièrement modifié, ce règlement constitue les clauses de son contrat. Bien mieux, si le fonctionnaire peut établir que l'illégalité lui a causé un préjudice pécuniaire, il pourra en obtenir réparation, puisque l'origine de ce préjudice aura été la violation des engagements contractuels pris envers lui par la puissance publique [1].

Le règlement organique de son corps, voilà donc ce qui constitue la personnalité juridique du fonctionnaire, son état, la source unique de ses droits ; sans ce règlement, il est juridiquement moins que rien.

Et, tout de suite, une double nécessité apparaît.

Pour que ces règlements protègent efficacement les fonctionnaires contre l'arbitraire de l'autorité sous laquelle ils sont placés, il ne faut pas qu'il dépende de cette autorité de les faire ou de ne pas les faire, ni de les modifier à sa guise. Nous avons fait ressortir dès le début que la situation antijuridique dans lequel se trouve actuellement le fonctionnaire venait précisément de ce que, chaque corps étant organisé individuellement par le ministre duquel il relève, cette organisation était soumise aux influences changeantes qui s'exercent autour des ministres et souvent remaniée au gré de tel ou tel intérêt particulier. Il faut donc que les règlements organiques des corps de fonctionnaires émanent d'une autorité placée au-dessus de l'autorité hiérarchique.

D'autre part il va de soi que ces règlements, s'ils peuvent différer dans les détails, doivent reposer sur des principes communs. Que par exemple la hiérarchie, les cadres, les connaissances exigées des candidats varient d'un corps à l'autre, c'est tout naturel, mais les conditions essentielles auxquelles doit être soumise une première nomination, une promotion ou une révocation ne peuvent qu'être les mêmes dans tous les services. Il n'y a pas trente-six manières d'organiser un corps de fonctionnaires, il n'y en a qu'une : la bonne. Il faut donc que les règlements organiques des corps de fonctionnaires aient une source commune.

De déduction en déduction, on arrive à cette conclusion que le seul moyen de régler conformément au droit la condition des fonctionnaires est d'obtenir des pouvoirs publics un acte qui, fixant les

---

1. C'est avec une vive satisfaction que nous enregistrons l'orientation dans ce sens de la jurisprudence du Conseil d'État.

conditions générales de l'admission, de l'avancement et de la discipline dans les services publics, sera la charte sur laquelle viendront se modeler les règlements organiques des différents corps de fonctionnaires.

Cet acte sera-t-il un règlement général ou une loi ?

Le règlement général aurait l'avantage de la célérité. On sait que le travail législatif n'est pas très rapide. Il y a des lois sur le principe desquelles tout le monde est d'accord et qui mettent plusieurs lustres à aboutir, quand elles ont la chance d'aboutir. Le Parlement ne pourrait-il pas prescrire au gouvernement de déterminer par un règlement d'administration publique le statut-type du fonctionnaire ? Ce règlement général, qui engagerait tous les ministres, puisqu'il émanerait forcément du conseil des ministres et ne pourrait être modifié que de son assentiment, qui aurait été obligatoirement soumis à l'examen du Conseil d'État et ne pourrait être modifié que dans les mêmes formes, n'offrirait-il pas de suffisantes garanties de valeur et de stabilité ?

Certes, à défaut d'une loi ou en l'attendant, un règlement de ce genre rendrait des services. Mais c'est une intervention directe du législateur, c'est une loi qu'il faut réclamer, parce que c'est dans le Parlement seul que la question peut être traitée dans toute son ampleur. Un article essentiel du mandat des représentants du peuple est de contrôler le fonctionnement des services publics. Ils ne peuvent donc rester étrangers à l'organisation du personnel qui en est l'âme. Laisser à un règlement d'administration publique le soin de statuer sur cette organisation serait de leur part une défection. Le règlement d'administration publique a pour but de régler les détails d'exécution des lois, non de les remplacer. La loi est le fondement des sociétés modernes, c'est elle qui règle les droits de chacun ; les fonctionnaires ont droit à sa protection comme tout le monde. Il serait aussi extraordinaire de donner au gouvernement le droit de régler lui-même et tout seul ses rapports avec les fonctionnaires que de remettre à une délégation de patrons le droit de régler souverainement les rapports entre patrons et employés.

Quelle assurance le Parlement aurait-il d'ailleurs que sa volonté serait exécutée ? Une loi de 1850, qui prescrivait précisément au gouvernement de régler par des règlements d'administration publique l'admission et l'avancement dans les services publics, est restée lettre morte ; les efforts qu'a faits, il y a quelques années, M. le député Guillain pour la ressusciter n'ont pu aboutir, malgré l'autorité que lui donnait sa qualité de rapporteur général du budget. Si le Parlement veut sincèrement une réforme, il doit la faire lui-même.

Notons bien encore une fois que ce qu'il s'agit de demander au législateur, ce n'est pas de régler dans leurs détails l'organisation des différents corps. Non, il n'aura qu'à poser certains principes fondamentaux et permanents que des règlements spéciaux, pris dans la forme des règlements d'administration publique, auront à adapter aux différents corps suivant les conditions qui leur sont propres. C'est là un procédé couramment suivi dans notre législation ; la loi statue par prescriptions générales et confie à des règlements le soin d'appliquer ces prescriptions.

V

Il reste un point important à mettre en lumière. A côté des fonctionnaires il y a d'autres personnes qui, sans appartenir au cadre permanent d'une administration publique et même sans relever directement de l'État, n'en exercent pas moins des professions dont le caractère dominant est d'être d'intérêt public. Tels sont les employés et ouvriers des industries exploitées par l'État dans l'intérêt de la défense nationale ou dans un intérêt fiscal, le personnel des chemins de fer exploités par des sociétés aussi bien que de ceux exploités par l'État, le personnel des services concédés par l'Etat, les départements ou les villes : transports, eaux, éclairage, etc. Il n'est pas douteux que le caractère professionnel de ces travailleurs est assez semblable à celui des fonctionnaires. Eux aussi ont des devoirs spéciaux qui se concilient difficilement avec le droit commun en matière de louage de services. Pour ne citer qu'un exemple, il est illogique de tolérer une grève d'employés de chemins de fer et de défendre une grève d'employés des postes, puisque la grève des premiers aurait pour effet d'entraver le service des seconds. « On comprendra tôt ou tard, écrivions-nous il y a plus d'un an, qu'il doit y avoir deux sortes de louages de services : le louage de services pour le compte des particuliers, qui sera soumis aux règles

BIBLIOTHÈQUE NATIONALE RF IMPRIMÉS

du droit privé, et le louage de services pour le compte des services publics et des services monopolisés ayant le caractère de services publics, qui sera soumis à un droit spécial lequel, il est vrai, est encore à faire[1]. » Quelque temps après, M. Berthélémy, professeur à la faculté de droit de Paris, apportait à cette manière de voir l'appui de son autorité : « Liberté des syndicats dans les professions soumises au régime de la concurrence, prohibition des syndicats dans les industries et professions monopolisées, telle est la formule qu'il faudrait résolument admettre ; c'est, avec l'adoption d'une loi sur l'état des fonctionnaires, la vraie réforme à réaliser[2]. »

Ainsi la condition juridique d'un nombre considérable de travailleurs tendra à se rapprocher de celle du fonctionnaire. C'est là assurément une perspective qui ne fait que souligner davantage la nécessité de faire enfin passer la condition de ce dernier du domaine de l'arbitraire dans celui du droit.

*
* *

Pendant que cette étude était à l'impression, a paru le projet de loi déposé par le gouvernement sur les associations de fonctionnaires. Il solutionne cette question conformément aux idées que nous avons défendues depuis deux ans, et nous nous en réjouissons. Mais il ne faudrait pas s'exagérer son importance. Il donne aux fonctionnaires la faculté de s'associer ; or, ils la tenaient déjà, en droit, de la loi de 1901 et ils la possédaient déjà en fait, puisque la France est couverte d'associations de fonctionnaires. Il donne à ces associations la faculté de demander en justice l'annulation des mesures contraires aux lois et règlements ; or, la jurisprudence du Conseil d'État a déjà reconnu cette faculté à tous les fonctionnaires individuellement. Le véritable but du projet du gouvernement est de refuser aux fonctionnaires la faculté de concerter des cessations de travail, ouverte aux employés privés par la loi de 1864 ; il limite les droits des fonctionnaires et ne leur en crée pas ; cette loi ne sera pas une loi génératrice de droits, mais une loi privative de droits.

---

1. Dans un article « A propos du syndicat des postiers », paru dans la *Revue du Palais* (15 novembre 1905).

2. « Les syndicats de fonctionnaires », *Revue de Paris*, 15 février 1906.

La question du statut des fonctionnaires, de ce statut que le cabinet leur a promis à deux reprises dans ses déclarations aux Chambres, reste donc entière. Aujourd'hui comme avant le projet de loi sur les associations, la condition professionnelle du fonctionnaire demeure soumise à l'arbitraire. Chaque ministre continuera à régler l'organisation de chaque corps au gré des influences passagères qui s'exerceront autour de lui, passager lui-même. Le fonctionnaire pourra réclamer l'observation des règles organiques de son corps, mais le ministre sera maître de n'en pas instituer ou de les plier à son caprice, d'y ménager toutes sortes d'échappatoires, de les supprimer si elles le gênent. Lorsqu'un arrêt du Conseil d'État (18 mars 1904) vint annuler des nominations illégales dans le corps de l'inspection des enfants assistés, le ministre de l'intérieur prit, le 7 mai suivant, un décret qui rendit ces nominations légales et permit de les maintenir. Ce fatras de décrets ourdis dans l'ombre d'un bureau, épars dans tous les coins du *Journal officiel*, modifiés à tout bout de champ, variant sans raison d'un service à l'autre, ne peuvent avoir la prétention de constituer un statut ; ils n'en sont que la parodie.

Il est donc plus que jamais indispensable de régler par la loi, c'est-à-dire par un acte débattu devant le pays, les conditions d'accès et de révocation des fonctions publiques. « Vous êtes placés hors du droit commun des travailleurs des entreprises privées », écrivait hier aux fonctionnaires syndicalistes le président du conseil des ministres. C'est parfait. Mais il faudra, à la place du droit commun, offrir aux fonctionnaires autre chose que le régime du bon plaisir.

Extrait de la *Revue générale d'Administration* (nº de février 1907).

BIBLIOTHÈQUE NATIONALE RF 1935

Nancy, imprimerie Berger-Levrault et Cie.

BERGER-LEVRAULT ET Cie, LIBRAIRES-ÉDITEURS

PARIS, 5, rue des Beaux-Arts — rue des Glacis, 18, NANCY

Du même Auteur

Le Personnel des Ministères. 1906. Grand in-8, 75 pages, broché. . . . . 2 fr. 50

La Décentralisation, par Paul DESCHANEL, député. 1895. Un volume in-12, broché. 2 fr. 50

La Réforme administrative. *Les ministères de l'intérieur et de la justice. Les cultes et les rapports de l'Église et de l'État. L'extension du fonctionnarisme,* par le vicomte G. D'AVENEL. 1892. Un volume in-12, broché . . . . 3 fr. 50

Précis de Droit. — **Les Pouvoirs publics.** *Organisation et attributions des pouvoirs législatif, exécutif et judiciaire. Matières administratives diverses,* par André THIBAULT et A. SAILLARD, chefs de bureau au ministère de l'agriculture. 2e édition. 1906. Un volume in-12 de 460 pages, broché. . . . . 5 fr. — Relié en percaline. . . . . 6 fr.

Les Principes généraux du Droit administratif, par Gaston JÈZE, professeur agrégé de droit public, chargé de cours de droit administratif à la faculté de droit de l'université de Lille. 1904. Un volume grand in-8 de 168 pages, broché. . . . . 4 fr.

Les Carrières administratives. *Nouveau Guide des candidats,* par A. SAILLARD, sous-chef de bureau au ministère de l'agriculture, directeur de l'Institut administratif. Nouvelle édition, par monographies isolées. — **Le Ministère des finances.** *Administration centrale. Inspection générale. Contributions directes. Enregistrement. Douanes. Contributions indirectes. Manufactures de l'État. Percepteurs surnuméraires. Trésorerie d'Algérie. Cour des comptes. Caisse des dépôts et consignations.* 1903. Un volume in-8, avec 4 planches autographiées. Broché. . . . . 3 fr. 50 — Relié en percaline . . . . 4 fr. 50

Classification des Fonctions administratives, par Charles FARCINET, chef de bureau au ministère de l'intérieur. 1879. In-8, broché . . . . 1 fr.

De la Responsabilité des Fonctionnaires publics envers les simples particuliers, par Pierre LACANAL, docteur en droit. 1884. Grand in-8, broché . . . . 1 fr.

Étude sur le Cumul des traitements et des pensions des fonctionnaires civils de l'État, par Paul FERRAND, sous-chef de bureau au ministère de l'instruction publique. 1885. Grand in-8, broché. . . . . 75 c.

Le Classement des Dossiers. *Étude sur les dossiers administratifs,* par A. SAILLARD, sous-chef de bureau au ministère de l'agriculture, et H. LACHENAUD, ancien élève de l'École des chartes. 1902. In-18, broché . . . . 1 fr.

Des Caisses de retraites des fonctionnaires communaux et départementaux, par Hilaire COMBARIEU, docteur en droit. 1899. Un volume grand in-8, broché . . . . . . 5 fr.

Les Dépenses des Ministères. *Recueil des règles applicables à leur payement,* par A. GASCHARD, sous-chef de bureau au ministère des finances. 1901. Un volume grand in-8 de 322 pages, broché . . . . 7 fr. 50

La Comptabilité publique en France, par Ch. COUDER, directeur général honoraire de la comptabilité publique au ministère des finances, par MM. A. A. et E. CAMPAGNOLE. 1888. Un volume in-12, broché . . . . 2 fr.

Dictionnaire de l'Administration française, par Maurice BLOCK, membre de l'Institut, avec la collaboration de membres du Conseil d'État, de la Cour des comptes, de Directeurs et de Chefs de service des différents ministères, etc. 5e édition (1905), refondue et considérablement augmentée, sous la direction d'Édouard MAGUÉRO, directeur de l'enregistrement. Deux tomes formant un volume grand in-8 de 2 741 pages, brochés. . . . . 42 fr. 50
Reliés en demi-maroquin, plats toile . . . . 50 fr.

Compétence et Organisation des Justices de paix. *Commentaire doctrinal et pratique de la loi du 12 juillet 1905,* par Jean CRUPPI, député, rapporteur de la loi, avocat à la cour de Paris. Avec la collaboration de Fernand BRICOUT, docteur en droit, juge au tribunal civil de Lille. 1906. Un volume in-8 de 384 pages, broché. . 6 fr. — Relié en percaline. . 7 fr. 50

Le Régime des Cultes, d'après la loi du 9 décembre 1905 et les règlements d'administration publique relatifs à la **Séparation des Églises et de l'État.** *Guide pratique,* par Marc RÉVILLE, avocat à la cour d'appel de Paris, et L. ARMBRUSTER, avocat à la cour d'appel de Paris. 1906. Un volume in-12, broché . . . 3 fr. 50 — Relié en percaline . . . 4 fr. 50

Les Sociétés de secours mutuels. *Commentaire de la loi du 1er avril 1898,* par J. BARBERET, directeur de la mutualité au ministère de l'intérieur. 4e édition, revue et augmentée. Ouvrage honoré de souscriptions par les ministères de l'intérieur, de l'instruction publique et de la guerre, par le conseil municipal de Paris et par le conseil général de la Seine. Recommandé par circulaire de M. le ministre de l'intérieur du 20 juin 1904. Un volume in-8 de 512 pages, broché. . . . . 6 fr. — Relié en percaline. . . . . 7 fr. 50

Les Syndicats professionnels. *Commentaire de la loi du 21 mars 1884,* par BRUNOT, chef du cabinet du sous-secrétaire d'État au ministère de l'intérieur. 1885. Volume in-8, br. 7 fr. 50

Bulletin officiel annoté de tous les Ministères. *Administration communale et départementale (Lois, Décrets, Circulaires, Instructions),* publié sous la direction de Raoul PÉRET, député. Paraissant, depuis 1905, par livraisons mensuelles in-8 d'étendue variable. — Prix de l'abonnement par an pour la France . . . . 6 fr.

Nancy, impr. Berger-Levrault et Cie

www.ingramcontent.com/pod-product-compliance
Lightning Source LLC
LaVergne TN
LVHW010217230826
846091LV00008BB/3555

9782019934316